Landscape with Rowers

FACING PAGES

FACING PAGES

NICHOLAS JENKINS
Series Editor

Horace, the Odes:
New Translations by
Contemporary Poets,
edited by J. D. McClatchy

Hothouses: Poems 1889
by Maurice Maeterlinck,
translated by Richard Howard

Landscape with Rowers:
Poetry from the Netherlands,
translated and introduced by
J. M. Coetzee

Landscape with Rowers

POETRY FROM THE NETHERLANDS

TRANSLATED AND INTRODUCED BY

J. M. Coetzee

PRINCETON UNIVERSITY PRESS
PRINCETON AND OXFORD

Copyright © 2004 by J. M. Coetzee
Published by Princeton University Press, 41 William Street, Princeton,
New Jersey 08540
In the United Kingdom: Princeton University Press, 3 Market Place,
Woodstock, Oxfordshire OX20 1SY
All Rights Reserved

Library of Congress Cataloging-in-Publication Data

Landscape with rowers : poetry from the Netherlands / translated and
introduced by J. M. Coetzee.
p.   cm. — (Facing pages)
ISBN 0-691-11736-5 (alk. paper)
1. Dutch poetry—20th century—Translations into English.
I. Coetzee, J. M., 1940– II. Series.

PT5475.E5L36   2003
839.3'11608—dc21   2003049838

British Library Cataloging-in-Publication Data is available

This book is supported by the Charles Lacy Lockert Fund of
Princeton University Press and by the Foundation for the Translation
of Dutch Literature.

Paintings on pages 87–103 copyright © Co Westerik. *Descent in Broad
Daylight, 1–5,* 1973–83

Hugo Claus's "Ten Ways of Looking at P. B. Shelley" appears with
permission of Harcourt Trade Publishers.

This book has been composed in Adobe Caslon

Printed on acid-free paper. ∞

www.pupress.princeton.edu

Printed in the United States of America

10 9 8 7 6 5 4 3 2 1

Contents

Preface

The poets translated here belong, with one exception, to a generation born around 1930 and now (2003) on the point of passing away. They are figures of some eminence in a literature that, on the European stage, does not often pretend to eminence, that indeed habitually deprecates itself to a degree puzzling to an outsider like myself, brought up on another Netherlandic literature—Afrikaans—that has not been shy to flaunt its modest achievements.

Dutch is a minor language in the sense that it is spoken only by some fifteen million people, and its literature is a minor literature in the sense that it is not widely read. But the embrace of minor status that I refer to goes beyond these senses. The impulses behind it are multifarious. Not since the seventeenth century has the Netherlands been able to assert itself as a power on the world, or indeed the European, stage. While there is no reason why state power should engender a vigorous artistic life, the experience of being continually overshadowed and on occasion trampled on by bigger neighbors—France, Germany, England—certainly led in Holland to apprehensiveness about being passed over by history and becoming a backwater, and hence to a paralyzing deference to fashions from abroad. Furthermore, a national way of life strongly imbued with such Calvinist virtues as propriety, dutifulness, and moral vigilance has not conduced to boldness of thought.

After the heyday of Vondel, Bredero, Huygens, and Hooft in the early seventeenth century, the literature of the Netherlands of the next two centuries can only be called undistinguished. Only in the late nineteenth century is its stuffy provincialism disturbed by currents of fresh air: symbolism and aestheticism on the one hand, impressionism and naturalism on the other. Literary life in turn-of-the-century Holland becomes, suddenly, quite a lively affair. Though no world figures emerge, several distinguished talents are at work, notably the novelist Louis Couperus.

GERRIT ACHTERBERG (1905–62) belongs to the next generation, a generation of Dutch artists who thought of themselves as participants in the modernist revolution and, at least in the visual arts, made an important contribution to that revolution. Achterberg built his reputation before World War II, but his best work belongs to the 1950s. His oeuvre is dominated by a single, highly personal myth: the search for the beloved who has departed and left him behind, a search that takes him on forays into the land of the dead. In typically high-modernist fashion, Achterberg makes stern demands on his readers: the Orphic myth works itself into "Ballad of the Gasfitter" in ways that may seem cryptic.

HUGO CLAUS (b. 1929) is the chief representative in Flanders, the Dutch-speaking part of Belgium, of the *Vijftigers*, writers who came to maturity in the 1950s advocating new, experimental forms of writing in a reformed postwar society, thereby continuing the quest to keep Dutch writing abreast of wider European trends. A protean and prolific artist, Claus has worked in many literary genres—*The Sorrow of Belgium* is one of the landmark European novels of the postwar era—and in film and painting as well.

SYBREN POLET (b. 1924) has also sought to be part of a wider European avant garde. He rose to prominence during the tumultuous 1960s as a practitioner of a kind of poetry public and rhetorical rather than private and lyrical in nature, and demonstratively up to date not only in its language but in its machine-driven compositional procedures, which in Polet's reading of history display what is distinctive about the modern mentality.

In his early career HANS FAVEREY (1933–90) was a rigorous, somewhat hermetic exponent of poetry as a carefully plotted language game with a minimum of reference outside itself. His later poetry, more accessible and also more genial, grows typically out of paradoxes of thought in which the influence of the pre-Socratics, particularly Heraclitus, can be detected.

RUTGER KOPLAND (b. 1934) has moved in a contrary direction: from familiar, even homely emotions and anecdotal subjects toward, since the 1980s, deeper questioning of the world of appearances, greater formal abstraction, and a melancholy realization that the natural world is closed off to whatever meanings we may want it to have.

CEES NOOTEBOOM (b. 1933) is known principally as the author of delicately crafted, scrupulously self-conscious works of fiction. His travel writing has won him a wider audience. But his highest achievement may turn out to be a body of verse in which he reflects with uncompromising clarity on the powers and limitations of art.

Earlier versions of some of the translations presented here appeared in the journals *Dimension*, *Writing in Holland and Flanders*, and *PMLA*.

J. M. Coetzee

Gerrit Achterberg

Ballade van de gasfitter

I

Gij hebt de huizen achterom bereikt.
Aan de voorgevels, tussen de gordijnen,
blijft ge doorlopend uit het niet verschijnen
wanneer ik langs kom en naar binnen kijk.

Al moet ge in 't voorbijgaan weer verdwijnen,
het volgend raam geeft me opnieuw gelijk.
Daar wonen ene Jansen en de zijnen,
alsof ge mij in deze naam ontwijkt.

Maar dat zegt niets. De deuren zijn geduldig;
hebben een bel, een brievenbus, een stoep.
De appelkoopman lokt u met zijn roep.
En valse sleutels zijn er menigvuldig.
Ook kan ik binnen komen, doodonschuldig
en tot uw dienst, gasfitter van beroep.

Ballad of the Gasfitter

I

You must have made your entry from the rear.
To each house in the row I turn my glance
and in each curtained window catch a glimpse
of You, as out of nothing You appear.

As I move past You seem to slip away.
Yet I am not mistaken, *vide* the next frame.
One Jansen lives there with his family—
as if You could escape under that name.

The ruse won't work. A door remains a door,
each with its steps, its mailbox, and its bell.
The apple hawker lures you with his call.
A master key is easy to procure.
Indeed I can quite freely step inside
as (at your service) gasfitter by trade.

2

Dan—op klaarlichte dag bij u aan 't werk,
vermomd als man van de gemeente—gaan
mijn ogen in het rond en zien u staan.
Maar langzaam wordt de zoldering een zerk.

De muren zijn van aarde. Wij beslaan.
De kamer is verzadigd, naar ik merk.
Het kan ook niet. Ik draai de schroeven aan.
Zolang ik mij tot deze taak beperk

blijven we voor elkaar incognito,
terwijl ik bezig ben, gebukt, geknield,
of op mijn buik naga wat er aan scheelt.
En al maar denken: het is beter zo.
Doodzwijgen, door een hamerslag vernield.
Doodstilte, die de hamerslagen heelt.

2

At your address, by daylight, on the job
disguised in workman's clothing, I wheel round
and behold You standing there. Walls turn to ground,
ceiling slowly becomes a marble slab.

We fade to each other in murky light.
The room is saturated, won't hold more.
This can't go on. I turn the screws down tight.
As long as I devote myself to this chore

we can proceed as we are, incognito—
as long as I stay busy, bend or kneel
or lie flat on my belly trying to feel
what's wrong; thinking to myself, *It's better so.*
Dead silence by a hammer blow dispelled.
Death hush by which the hammer blows are healed.

3

Zal ik de woning onder water zetten?
Of gaten in de gasgeleiding slaan?
Ik zie de val, moet op de fittings letten
en maak de denkfout haastig ongedaan.

Dan zou er later in de kranten staan:
'Door onbekende oorzaak vond een fitter,
bij de uitoefening van zijn bestaan,
de dood door gasverstikking. In het aan-
grenzend gedeelte was hetzelfde bitter

lot aan de huiseigenares beschoren.
Zij lag voorover met een hand naar voren,
welke een brief omklemde, die begon:
'Hoe groot de wereld is, ik kom weerom.'
Blijkbaar werd zij verrast tijdens het lezen
en kan van overspel geen sprake wezen.'

3

Should I punch the gaspipes full of holes? or burst
the water main and flood the house? Beware:
a trap. I turn back to the fittings, thrust
from my mind what would have been an error.

For later in the papers one would find:
"While practicing his livelihood a fitter,
for reasons we have yet to comprehend,
inhaled monoxide gas and met his end.
In the adjoining room a similar bitter

fate befell the owner of the dwelling.
She lay prostrate, one hand stretched out in falling.
In it was clutched a letter that began,
However wide the world I come again.
It seems that she was overcome while reading.
Nothing suggests adulterous proceedings."

4

Eindelijk is het kleine lek gedicht.
Ik zoek de spullen langzaam bij elkaar.
Mijn benen zijn als buizen lood zo zwaar.
Zweetdruppels lopen over mijn gezicht.

Of ik iets bovenmenselijks verricht,
keer ik met een verklarend handgebaar
mij naar u om, maar gij zijt niet meer daar.
Er is alleen het late middaglicht.

Ik beur de bak gereedschap van de vloer
en til hem op mijn schouder. Door de gang
wekken mijn voetstappen een hol gezang.
De deur valt in het slot. Het straatrumoer
lijkt verder af. Er hangt een dikke mist.
Ik heb me dus voor deze keer vergist.

4

At last the minor leak is traced and sealed.
Slowly I collect and pack my tools.
My legs have grown as heavy as lead tubes.
Sweat is trickling down my face in beads.

As if performing a superhuman feat
I turn with an explanatory wave
of the hand; but You are gone and nothing save
the afternoon's declining light is left.

I lift the tray of tools up from the floor
and hoist it to my shoulder. In retreat
my footsteps drum a hollow beat. The door
clicks shut behind me. The hubbub of the street
seems further off. A fog settles and thickens.
It seems, this time, that I have been mistaken.

5

Maar als ik thuisgekomen, goed en wel
te eten zit, rinkelt de telefoon.
Ik pak de horen op en doodgewoon
klinkt aan de andere kant een nieuw bevel.

De directeur. Zijn stem is hard en schel,
met een verborgen, weke ondertoon.
'Ga morgen naar dezelfde straat, mijn zoon.
Je weet hoeveel belang ik in je stel.'

Geen ezel stoot zich tweemaal aan een steen.
Het beste was, ik bleef hier niet alleen,
maar nam vanavond vast in ogenschouw
het uit de grond gerezen flatgebouw
daartegenover. Bij de nummerborden
zal het me dan vanzelf duidelijk worden.

5

But just as I am sitting down at home
to eat my dinner, I hear the telephone.
I pick it up and from the other end
without ado am issued a new command.

The supervisor. His voice is sharp, severe,
though a veiled gentler undertone comes through.
"My son, return to the same street tomorrow.
You know what interest I take in you."

Only a fool repeats an old mistake.
Best not to stay at home, best to go take
a look at the block of flats across the way
that from ground level climbs into the sky.
There, once I find the floor directory,
all will of itself become clear to me.

6

Die nacht kwam ik alleen nog maar te weten,
dat de concierge sliep. Hij was vermoeid
en had de cijfers in zijn hoofd vergeten.
Het lag gekanteld op een arm. Geboeid

keek ik van buiten door het raam. Er woei
een zachte wind. Het ritselde een beetje
over de grond en vlakbij, plichtvergeten,
een levend mens, en die mij uit de knoei

zou hebben kunnen helpen, als het niet
zo eenzaam was geworden en te duister
dan dat ik hem mocht wekken met gefluister.
Hij zou het hoofd verliezen. Dat kon niet.
Dat kostte ook de directeur zijn kop.
Niemand hoorde me heengaan. Keek hij op?

6

This night, however, I achieved no more
than learn the doorman was asleep. Weary,
he had let loose the numbers from his memory
and lay there crumpled, head in arms. Absorbed

I stared in through the window. Softly the wind
rustled the surface where I stood outside;
and not far away, his duties thrust aside,
a living being who might have helped me find

my way out of this mess, if it had not
become so lonely and too dark for me
to think of whispering him awake. For he
would lose his head. Which would not do at all.
The supervisor's head would also fall
then. No one heard me leave. Did he look up?

7

Bij 't krieken van de dageraad op pad,
de slaap nog in de ogen, schijnen mij
het eerste uur de straten vogelvrij,
al heeft het einddoel ergens post gevat.

Een ongekend veilig gevoel is dat.
Iemand van de directie fietst voorbij.
Ik groet, doch hij kijkt nauwelijks opzij.
Zeker weer ruzie met zijn vrouw gehad.

Misschien vindt hij het enigszins verdacht,
dat hij me aantreft in gemeentewijken,
waar voor een fitter niets valt te bereiken.
Er woont een jong en roekeloos geslacht
bij ander licht. Ik ben gesignaleerd.
Daarom mijn schreden naar de stad gekeerd.

GERRIT ACHTERBERG

7

At daybreak I am on the road, my face
still blurred with sleepiness. Although somewhere
the end of it all is taking up its place
the streets this first hour seem as free as air.

I feel a safety I have never known.
One of my superiors cycles by.
I greet him but he barely turns an eye.
Probably quarreled with his wife again.

Perhaps he is a bit suspicious meet-
ing me in quarters of the city where
a fitter has no business. A young and heed-
less generation has arisen here
by other forms of light. I've been observed.
Therefore back to the city my steps are turned.

8

Nu nader ik de laatste mooglijkheid.
Witte drukknoppen, fel in het gelid,
tarten als tanden in een vals gebit.
Mijn vingers voeren een verbeten strijd.

Terwijl ik sta en op mijn nagels bijt,
springt onverwacht de deur los. Een daghit
zet de asemmer buiten. Zonder dit
had ik nimmer besloten, maar de tijd

is kort. Ik vraag gejaagd waar het gat zit.
Zij wijst naar boven met een vage spot,
dat kan betekenen: je bent getikt.

Wat ik wel weet; zodat ik tot God bid.
De lift beweegt zich opwaarts naar het slot
van wat hem nog geen fitter heeft geflikt.

8

My last chance is approaching. Gleaming white,
like teeth in dentures, pushbuttons stand
in phalanx fiercely defying my hand.
My fingers carry on a bitter fight.

While I stand there biting my nails I hear
the door spring suddenly open, and a maid
puts out the garbage can. I'd have stayed
nonplussed forever had she not appeared.

Time is short. I turn to her and ask
in haste, *Where is the hole?* She points above
with vague derision as if to say, *You're mad.*
I know—so far gone that I pray to God.
Up goes the lift toward the climax of
a job no fitter has ever yet pulled off.

9

Hoe hoger of ik stijg hoe groter wordt
de ruimte tussen u en mij. Het leven
voelt zich door nikkel en door staal omgeven.
Het bouwsel komt geen klinknagel te kort.

Hier zit geen gas. God is het gat en stort
zijn diepten op mij uit om te beleven
aan een verwaten fitter hoe verheven
hijzelf bij iedere étage wordt.

Verdieping na verdieping valt omlaag.
Ik weet niet waar of wat ik moet beginnen.
Misschien schiet me een laatste woord te binnen
als ik hem naar de eerste oorzaak vraag.
Een schok gaat door mij heen. Ik moet er uit
en geef het over aan zijn raadsbesluit.

GERRIT ACHTERBERG

9

The higher I ascend, the wider space
yawns between You and me. Life seems to be
enclosed in steel and nickel. Every
last rivet of this structure is in place.

There is no gas here. God is the hole, and pours
out his depths upon me to reveal
to a presumptuous fitter how much more
exalted he becomes with every floor.

Beneath me storey after storey falls.
I don't know where I should begin, or what.
Perhaps a final word will spring to mind
if I ask him what was the first cause.
A shock runs through my frame. I must get out.
I give it over. Be it as he finds.

10

Kamer aan kamer gaan de deuren open.
Heren van alle natie, tong en ras
roepen in koor, of 'k een verschijning was:
je hoeft ons hier geen smoesjes te verkopen.

Ben ik daarvoor onder de grond gekropen?
Bij het afdalen in de put van glas
staat aan mijn voet een zak met vuile was.
Hoor hoe ze boven door elkander lopen.

In de omgeving hang ik nog wat rond.
Het werd intussen middag zie ik wel.
Scholen gaan uit. Het spitsuur is gekomen.
De kinderen, door moeders meegenomen,
vertellen. Fietsen bellen. Auto's snel-
len langs mij heen, of ik daar jaren strond.

Door after door swings open and a host
of folk of every nation, race, and tongue
call out in chorus, *You don't fool anyone!*
looking on me as if I were a ghost.

Is that the reason I've crept underground?
I descend the shaft of glass toward the street
with a bag of soiled laundry at my feet.
Above I can still hear them scurry around.

For a while I hang about the neighborhood.
Past noon, I note. The rush hour has arrived.
School is over. Children run and yell
or prattle stories to their mothers. Bells
tinkle. Cars bellow past as if I have stood
for years and years upon this spot unmoved.

II

De gasfabrieken draaien op hun as.
Toen ik mijn oogmerk zag in 't honderd lopen
en zonder ook maar iets te mogen hopen
als een geslagen hond ben afgedropen,

moet er een vacuüm zijn ingeslopen.
Daar komt geen enkel ambacht aan te pas.
De kinderen spelen alweer in de kring
en draaien mee als in herinnering.

Ik neem de kortste weg naar het kantoor.
De directeur persoonlijk laat me binnen
en onderwerpt mij aan een mild verhoor.
Ik hoef verder geen leugens te verzinnen.
Diep in zijn bril wemelt het, of hij huilt.
Hij drukt mijn hand, vermant zich en meesmuilt.

II

The gasworks spin upon their axleshaft.
Seeing my schemes so utterly fallen to bits—
nothing, not even room for hope, was left—
and, like a whipped dog, having to turn tail—

a vacuum must have slipped into me then.
Up there, there is no trade or craft that fits.
The children take each other's hands again:
as in remembered games they spin and wheel.

I set off for the office without waiting.
The supervisor himself comes to the door.
I yield myself to mild interrogation.
I need not make up stories any more.
Behind his glasses tears obscure his eyes.
He clasps my hand, collects himself, half-smiles.

12

Het hoofdbestuur van 't christelijk vakverbond
roept alle gas- en waterfitters heden
in spoedvergadering bijeen, deelt mede
dat een van hen de reglementen schond

door met zijn instrumenten op te treden
op alle plaatsen waar hij zich bevond
en eist, nu 't hele lichaam heeft geleden,
belijdenis van schuld op deze grond.

Voor 't eerst in de historie van het vak
knielen de gas- en waterfitters neer,
zonder inmiddels naar een gat te zoeken;
tesamen solidair in alle hoeken.
Dan zegt de voorzitter: zondig niet meer.
En zij vertrekken, dood op hun gemak.

12

The leaders of the Christian union call
the gas- and water-fitters into session
to report that one of them has been transgressing
the code of regulations binding all

by putting his tools to use wherever
he finds himself, by such action causing harm
to the body as a whole. Wherefore they charge
that he who broke the rule confess his error.

For the first time in the history of the trade
the gas- and water-fitters fall to their knees
without a mind to leaks beneath the floor—
at one, fraternal, and amalgamate.
Then says the chairman, *Go, and sin no more*,
and they depart, well satisfied, at ease.

13

Na jaar en dag hervinden wij de fitter
in 't ouwemannenhuis. Zijn haar is wit;
een kindse vent, die in een stratengids
namen te spellen zit, letter voor letter,

Tafel en bed heeft hij te delen met
postbode, wisselloper en loodgieter.
Hij krijgt gedurig op z'n sodemieter,
omdat hij altijd op het eten vit.

Er is tot aan zijn dood voor hem gezorgd.
Begrafenis- en ziekegelden lonen
de moeite om weldadigheid te tonen
en maken dat de vader hem niet worgt.
Publieke werken gaf hem onderdak.
Hij mag beschikken over pruimtabak.

13

Years later, hair now white, we find the fitter
transferred to an old men's home. Feeble of mind
he sits and pores over a city guide
spelling the names of streets out letter by letter.

Bed and board he shares with several brothers:
a postman, a broker's runner, a plumber.
Often he gets it in the ass from others
for only coming down to meals to grumble.

Provision has been made until he dies.
Welfare and funeral costs are the reward
for charitable giving; and besides,
they save him from being strangled by the warden.
Public Works has given him his lodgings.
Tobacco quid is his if he has longings.

14

In 't eind sloten zijn ogen zich voorgoed.
De mond viel open, maar werd opgebonden.
Hij werd gemeten en geschikt bevonden
een doodkist op te vullen van zes voet.

En allen brachten hem een laatste groet:
Jansen, daghit en directeur, zij stonden
eendrachtig met die van de flat verbonden;
als ik in 't zwart, met stok en hoge hoed.

Aan 't graf hield verder iedereen zijn mond.
Men trad vooruit en schouwde critisch hoe
de fitter langzaam wegzonk in de grond,
als om hem nog op fouten te betrappen,
nu hij zijn laatste gat had op te knappen.
Hij rust in God. De aarde dekt hem toe.

14

In the course of time he closed his eyes for good.
His mouth, slumped open, was tied shut again.
Measured, he was found fit to be contained
in a regulation coffin, deal, six foot.

And all of them came—people from the flat,
Jansen, the maid, the supervisor—to bear
their final joint respects. Like mine, their wear
was sober: dark suit with cane and hat.

At the graveside itself no one made a sound.
With critical eye some stepped up to behold
the fitter slowly sink into the ground
as if still hoping to catch him in an error
now that he had to plug his final hole.
He rests with God. The earth covers him over.

Sybren Polet

Zelfrepeterend gedicht

VOOR CORA

I

De oorlog winnen en gedood worden,
ideeën met slagroom eten en omkomen van de honger,
dagwuiven met een softenonhandje en gelukkig zijn.

Kalorierijke ideeën verorberen en omkomen van de honger,
salueren met een softenonhandje en gedekoreerd worden,
de oorlog winnen en een invalide taal spreken.

De oorlog winnen en voorgoed gedood worden,
opstandig worden en een softenonvuistje maken,
een klein softenonvuistje maken en mekkeren als een
    mamma-pop.

De oorlog winnen en voorgoed een invalide taal spreken—
de mond vol woorden hebben en niet weten wat te zeggen—
de oorlog winnen en voorgoed gedood worden—

Self-Repeating Poem

I

To win the war and be killed,
to eat ideas with whipped cream and die of hunger,
to wave hello with a little thalidomide hand and be happy.

To consume calorie-packed ideas and die of hunger,
to salute with a little thalidomide hand and be decorated,
to win the war and speak an invalid language.

To win the war and be killed for good,
to grow rebellious and make a little thalidomide fist,
to make a little baby thalidomide fist and bleat like a
    mama-doll.

To win the war and speak an invalid language for good—
to have a mouth full of words and not know what to say—
to win the war and be killed for good—

2

Een bril opzetten en de ogen sluiten—een bril opzetten;
mooi weer spelen met een anders leven terwijl het binnen
in fabrieken en kantoren regent—een zonnebril opzetten.

Een zonnebril opzetten voor een gezicht van louter blinde
   vlekken,
een zonnebril opzetten en blindelings de andre kant opkijken;
een bril opzetten en voorgoed de ogen sluiten.

Poëtiese knauw hauw schenken aan onderontwikkelde
   taalgebieden;
sociaal intensieve woorden zenden naar armlastige taalgebieden
en zelf rijker en rijker worden, aan menselijkheid en poëzie;
een zoonebril opzetten en de ogen sluiten.

De honger bestrijden met ideeën, armoede met ideeën:
ideeën van brood, van melk, van proteïne;
ideeën als een brok in de keel waarin men stikt;
een zonnebril opzetten en voorgoed de ogen sluiten—

SYBREN POLET

2

To put on glasses and shut the eyes—to put on glasses;
to take another man's place in the sun while inside
in factories and offices it is raining—to put on dark glasses.

To put on dark glasses before a spectacle of nothing but
    blind spots,
to put on dark glasses and blindly look the other way;
to put on glasses and shut the eyes for good.

To donate poetic no-how to underdeveloped language
    areas;
to send socially intensive words to indigent language areas
and oneself become richer, in humanity and poetry;
to put on dark glasses and shut the eyes.

To combat hunger with ideas, poverty with ideas—
ideas of bread, of milk, of protein;
ideas like a lump in the throat on which one chokes;
to put on dark glasses and close the eyes for good—

3

Z'n stifttanden poetsen met pepsodent en glimlachen,
    glimlachen;
het water aan een psychoanalyse onderwerpen en drinken,
    drinken;
z'n snijtanden poetsen met pepsodent en grimlachen, grimlachen.

Koel geanalyseerd water drinken en dronken worden van
    helderheid,
spontaan water drinken en z'n kunstgebit poetsen met
    pepsodent,
z'n glimlach poetsen met pepsodent en grimlachen, grimlachen.

Dag in dag uit, met een weids gebaar, de hele natuur
    ten geschenke geven—voor jou!—, de hele kultuur—voor jou!—,
de hele ekonomie—voor jou, voor jou! / Dag in dag uit,

jaar in jaar uit, de zon weggeven, de maan weggeven—voor jou!—
de bomen, het groen, het klein gedierte—voor jou! voor jou!—
de zee weggeven, de lucht weggeven—voor jou! voor jou!—

En achterlaten: skeletten—voor jou—, en achterlaten:
    fossielen—
voor jou—, en achterlaten: denkbeelden, dood, voor jou—,
en droombeelden, dood—voor jou, voor jou—; voor jou
z'n kunstgebit oppoetsen met pepsodent en grimlachen,
    grimlachen—

3

To brush one's crowned teeth with Pepsodent and smile,
    smile;
to subject water to psychoanalysis and drink, drink;
to brush one's incisors with Pepsodent and snarl, snarl.

To drink water coolly analyzed and get drunk on clarity,
to drink water spontaneously and brush one's denture with
    Pepsodent,
to brush one's smile with Pepsodent and snarl, snarl.

Day in day out, with a lofty gesture, to give
the whole of nature as a gift—for you!—the whole of
    culture—for you!—,
the whole economy—for you, for you! / Day in day out,

year in year out to give away the sun, give away the moon—
    for you!—
the trees, the grass, the lesser animals—for you! for you!—
to give away the sea, give away the air—for you! for you!—

And to leave behind skeletons—for you—and leave behind
    fossils—
for you—and leave behind mental images, dead, for you—
and dream images, dead—for you, for you—; for you
to polish up one's denture with Pepsodent and snarl,
    snarl—

4

En: een anti-masjiene van Tinguely zien en opgelucht
    ademhalen,
een anti-masjiene à la Tinguely konstrueren en *niet*
    produceren,
niet produceren en niet konkurreren, maar lachen, spelen,
    lachen—

Een tractor de hemel insturen en de goddelijke akkers
    omploegen,
voren ploegen en planten: aards groen; aardappelen, graan;
een tractor de hemel insturen en de nieuwe akkers bemesten
met afval uit een voormalig bestaan. En: eten.

Eten: je eigen voorouders—kannibaal eet voorvader
    koloniaal—,
en oprispen: je eigen woorden, verslinden: je eigen schaduw,
en inslikken: je eigen woorden, en herkauwen: je eigen historie.

En uitspuwen: je eigen schaduw, en inslikken: je bloedeigen
    woorden,
en opdrinken: je eigen tranen, en herkauwen: je eigen
    historie—
een tractor de hemel insturen en de oude akkers
    onderploegen—
een anti-masjiene konstrueren en *niet* konkurreren, maar
    lachen, spelen, lachen—

4

And to see an anti-machine by Tinguely and breathe a sigh
    of relief,
to construct an anti-machine à la Tinguely and *not* produce,
not produce and not conform, but laugh, play, laugh—

To send a tractor up into the skies and plow over God's
    acres,
plow furrows and plant earthly greenery, potatoes, grain;
to send a tractor up into the skies and fertilize the new acres
with the refuse of an earlier existence. And to eat.

To eat your own forebears—cannibal eats forefather
    colonial soldier—
and belch up your own words, devour your own shadow,
and swallow down your own words, and regurgitate your
    own history.

And to spit out your own shadow, and swallow down your
    words, your flesh and blood,
and drink down your own tears, and regurgitate your own
    history—
to send a tractor up into the skies and plow the old acres
    under—
to construct an anti-machine and *not* compete, but laugh,
    play, laugh—

5

Voorspellen wat al gebeurd is, doen wat al gedaan is;
z'n leven grondig repeteren alvorens het te beginnen;
voorspellen wat al gebeurd is, zeggen wat al gezegd is.

Z'n leven grondig repeteren alvorens het te beginnen;
doen wat al gedaan is, voorspellen wat al gebeurd is;
z'n verleden grondig repeteren alvorens het te beginnen.

De doden bevechten de levenden en de levenden de
    overledenen;
de overlevenden bevechten de overledenen als waren het
    levenden;
de levenden bevechten de overledenen en sterven,
    levend—
Voorspellen wat al gebeurd is, doen wat al gedaan is.

De historie neutraliseren door anti-historie, hemel door
    heden,
anti-heden door utopie—
z'n leven grondig repeteren alvorens het te beginnen—
voorspellen wat niet gebeurd is, doen wat nooit gedaan is—
    Vrede.

5

To predict what has already happened, do what has already
    been done;
to rehearse one's life thoroughly before commencing it;
to predict what has already happened, say what has already
    been said.

To rehearse one's life thoroughly before commencing it;
to do what has already been done, predict what has already
    happened;
to rehearse one's past thoroughly before commencing it.

The dead battle the living and the living the deceased;
the survivors battle the deceased as if they were alive;
the living battle the deceased and die, living—
To predict what has already happened, do what has already
    been done.

To neutralize history with anti-history, heaven with the present,
the anti-present with utopia—
to rehearse one's life thoroughly before commencing it—
to predict what has not happened, what has never been
    done—Peace.

CODA

Het jaar 2000. Vrede. Alle Ieren worden atheïst. Vrede.
Alle Amerikanen worden socialist. Vrede. Alle calvinisten
anarchist, alle mitrailleurbespelers clavecinist. Vrede.
—*De oorlog winnen en voorgoed gedood worden.* (*Vrede.*)

Het jaar 2000. Vrede. Geen menseneter eet meer
mensenvlees. Vrede.
Niemand sterft aan voorbesmette woorden en ideeën. Vrede.
—*De vrede winnen en een invalide taal spreken.* (*Vrede.*)

Het jaar 2000. Vrede. Blanken treden op als schaduwen van
negers. Vrede.
Dieren treden op als schaduwen van engelen, beulen,
engelen. Vrede.
—*Een zonnebril opzetten en voorgoed de ogen sluiten.* (*Vrede.*)

Het jaar 2000. Vrede. Kennis & krijgsmacht. Vrede. Oké of
noké,
Gog en Magog, Kreti en Pleti. Vrede. Ecocide of egocide.
Vrede.
Ik of Iks. Urim of Tummim. Vrede.
—*Voorspellen wat al gebeurd is, doen wat al gedaan is.* (*Vrede.*)

Het jaar 2000. Vrede. Kom, zie & hoor: Samsam lezen
samen de Thoran! Vrede!
100 voorhuiden van Filistijnen. Vrede. 100 plastic
maagdevliezen. Vrede.
—*Voorspellen wat niet gebeurd is, doen wat nooit voorzien is.*
(*Vrede.*)

CODA

The year 2000. Peace. All Irish become atheists. Peace.
All Americans become socialists. Peace. All Calvinists
anarchists, all machinegunplayers harpsichordists. Peace.
—*To win the war and be killed for good. (Peace.)*

The year 2000. Peace. No more maneaters eating human
    flesh. Peace.
No one dies of precontaminated words and ideas. Peace.
—*To win the peace and speak an invalid language. (Peace.)*

The year 2000. Peace. Whites act as shadows of blacks.
    Peace.
Animals act as shadows of angels, executioners, angels.
    Peace.
—*To put on dark glasses and shut the eyes for good. (Peace.)*

The year 2000. Peace. Knowledge & force of arms. Peace.
    Okay or nokay,
Gog and Magog, Cherethites and Pelethites. Peace.
    Ecocide or egocide. Peace.
I or X. Urim or Thummim. Peace.
—*To predict what has already happened, do what has already
    been done. (Peace.)*

The year 2000. Peace. Come, see & hear: all together now
    reading the Torah! Peace!
100 foreskins of Philistines. Peace. 100 plastic hymens.
    Peace.
—*To predict what has not happened, do what has never been
    foreseen. (Peace.)*

Het jaar 2000. Vrede. Geen dolzinnige stier toetert meer
   tweevoeters
van de weg. Vrede. Geen luchtsirene loeit. Geen kunsthaan
   kraait,
geen mamma-pop meer schreit. Alle mensen worden
   psychiater. Vrede.
—*Doen wat nooit gedaan, denken wat nooit gedacht is.*
(Vrede.)

Kennis of krijgsmacht. Vrede. Oké of noké, Agog of
   Magog, Kreti of Pleti. Vrede.
Alle realisten worden utopist, alle utopisten realist. Vrede.
—*Denken wat nooit gedacht, doen wat nooit gedaan is.* Vrede.
Doen wat nooit gedaan is. Vrede. *Doen wat ooit gedacht is.*
   Vrede.

Vrede. Vrede.

SYBREN POLET

The year 2000. Peace. No more crazed bulls honking bipeds
off the road. Peace. No airsirens shrieking. No artificial
   roosters crowing,
no more mama-dolls crying. All people become
   psychiatrists. Peace.
—*To do what has never been done, think what has never been
   thought. (Peace.)*

Knowledge or force of arms. Peace. Okay or nokay, Agog or
   Magog, Cherethites or Pelethites. Peace.
All realists become utopians, all utopians realists. Peace.
—*To think what has never been thought, do what has never
   been done.* Peace.
To do what has never been done. Peace. *To do whatever has
   been thought.* Peace.

Peace. Peace.

☞ *Hugo Claus*

Tien manieren om P. B. Shelley te zien

1

Zijn lichaam strandde op het zand.
Bleef liggen terwijl het goud wegtrok
over de bergen.
In zijn gele broek, in zijn witte sokken
in Keats' verzen in zijn binnenzak
bewogen alleen de wormen.
O, wilde westenwind,
adem van de herfst.

2

Zijn gezicht was weggevreten
door de dieren van de zee.
Zijn geest die ogen had
lippen en neusgaten
zag de dromende aarde
likte aan haar,
rook haar geuren die vernielen
en bewaren tegelijkertijd.

Ten Ways of Looking at P. B. Shelley

1

His body washed up on the sands.
Lay there while the gold retreated
over the mountains.
In his nankeen breeches, in his white socks
in Keats' verses in his inside pocket
only the worms moved.
O wild west wind,
thou breath of autumn's being.

2

His face was eaten away
by the creatures of the sea.
His spirit which had eyes
lips and nostrils
saw the dreaming earth
licked at her,
smelled her odors that destroy
and preserve at the same time.

3

Graatmager, spastisch.
(In pantomimes speelde hij
vanzelfsprekend de heks.)
Een schrille stem. Eksterogen.
Meisjes aan zijn knieën.
En hij maar snerpen
over de engelen van de regen,
de engelen van de bliksem
die zouden neerkomen vanavond
over de blauwe planeet.

4

Hij haatte varkensgehakt,
heiligen, verering, de Koning.
Maar het meest haatte hij
één man en één vrouw
en hun monogame omarming.

Zwarte regen, hagel van vuur
daalden over de wapperende pruik
van een bacchante
die hij had opgezet.

3

Thin as a bone, spastic.
(In pantomimes he was
first choice to play the witch).
A shrill voice. Corns on his feet.
Up to his knees in girls.
And all the time, gibes
about the angels of the rain,
the angels of the lightning
that were meant to descend tonight
over the blue planet.

4

He hated minced pork,
saints, veneration, the King.
But most of all he hated
one husband and one wife
in their monogamous embrace.

Black rain, fiery hail
descended
over his streaming
maenad headpiece.

5

Er waren veel doornen, veel struiken
waar hij in viel en bloedde.
Maar hij had steeds rattenkruit op zak.
Want wie weet
of je de schoonheid van verbuigingen
wilt overleven?
Wie weet of je niet,
zonder vaarwel, wilt zinken
in de wieren, ongetemd?

6

Ooit stak hij de butler van de familie,
Mr. Laker, in brand. In Italië
danste hij bij de vlammen van een bosbrand.
Later, in de schaduw, grauw
koud, na uren als ijspegels,
fluisterde hij: 'Hoor, o luister toch,
de takken van de hemel en de oceaan
verstrikken in elkaar.'

5

There were thorns aplenty, brambles aplenty
that he fell into and bled.
But he kept arsenic in his pocket.
For who knows
if you want to survive
the beauty of bendings?
Who knows you would not prefer,
without taking leave, to sink away
into the seaweed, untamed?

6

Once he set fire to the family butler,
Mr Laker. In Italy
he danced before a flaming bushfire.
Later, in the shade, gray with
cold, after hours like icicles,
he whispered: "Hark, oh, hear
the branches of heaven and ocean
tangled in each other."

7

Hij rende krijsend uit zijn kamer,
hij had, o, de vette vrouwen van Sussex
gezien
met ogen waar de tepels waren.
Want meestal zag hij in zijn winters bed
een naakt kind
verrijzen uit een paarse zee.

O, verhef mij als een golf,
een blad, een wolk.

8

Als ontbijt en lunch at hij bonbons.
Een stugge stoelgang door de opium.
Nieren en blaas waren beschadigd.

Zijn accenten en ritmes
waaien over de bevroren aarde.
Echo's van goden en merels
en godslasteringen.

7

He ran screaming from his room,
he had, oh! seen
fat Sussex women
with eyes where nipples should be.

For mostly in his winter bed he saw
a naked child
rise up out of a purple sea.

Oh, lift me as a wave,
a leaf, a cloud.

8

For breakfast and luncheon he ate bonbons.
Clotted bowels from opium.
Kidneys and bladder damaged.

His accents and rhythms
are blown over the frozen earth.
Echoes of gods and blackbirds
blasphemies too.

9

Hij wou geen wollen sokken dragen.
Kokhalsde van boter.
Bij Harriet, Mary, Clare en anderen
bracht hij een spons in, gedrenkt in wijn,
tegen de kinderen.

Aan de rand van vele cirkels
wilde hij zichzelf verbannen.
Hij verzonk in de grote tekens,
de weigeringen.

10

Toen zijn fragmenten stierven
en hij werd bijgezet als ode en pamflet
schreef *The Courier:* De heiden is verdronken.
Nu weet hij of er een god bestaat of niet.

Hij wipte de hoer van de welluidendheid
op zijn knie.
Zijn heidendom: een remedie
voor als de winter komt
met de westenwind.

9

He refused to wear woolen socks.
Butter made him retch.
With Harriet, Mary, Claire, and others
he pushed in a wine-soaked sponge
to block children.

Determined to exile himself to the fringes
of one circle after another,
he sank away amid grand signs,
refusals.

10

When his fragments died
and he was interred as ode and pamphlet,
the *Courier* wrote: The infidel has drowned;
now he knows whether there is a God or no.

He jiggled the whore of eloquence
on his knee.
His infidelism: an antidote
to the coming of winter
on the west wind.

Cees Nooteboom

Basho

I

Oude man tussen het riet achterdocht van de dichter.
Hij gaat op weg naar het Noorden hij maakt een boek met zijn
  ogen.
Hij schrijft zichzelf op het water hij is zijn meester verloren.
Liefde alleen in de dingen uit wolken en winden gesneden.
Dit is zijn roeping zijn vrienden bezoeken tot afscheid.
Schedels en lippen vergaren onder wuivende luchten.
Altijd de kus van het oog vertaald in de dwang van de
  woorden.
Zeventien het heilig getal waarin de verschijning bestemd wordt.
Het voorbije verteren bevriest zo versteend als een vlinder.
In een marmer getij de geslepen fossielen.
Hier kwam de dichter voorbij op zijn reis naar het Noorden.
Hier kwam de dichter voor altijd voorgoed voorbij.

CEES NOOTEBOOM

Basho

I

Old man among the reeds mistrust of the poet.
He is on his way to the North he is making a book with his
    eyes.
He is writing himself upon the water he has lost his master.
Love only in things cut out of clouds and winds.
This his calling to visit his friends take leave.
Under fluttering breezes to gather skulls and lips.
Always the eye's kiss translated into the words' drive.
Seventeen the sacred number in which coming-forth is
    ordained.
To digest the past frozen stony as a butterfly.
Polished fossils in a marble tide.
Here passed by the poet on his journey to the North.
Here passed by the poet finally forever.

2

Wij kennen de poëtische poëzie de gemene gevaren
van maanziek en zangstem. Gebalsemde lucht is het,
tenzij je er stenen van maakt die glanzen en pijn doen.
Jij, oude meester, sleep de stenen
waar je een lijster mee dood gooit.
Jij sneed uit de wereld een beeld dat je naam draagt.
Zeventien stenen als pijlen een school doodse zangers.
Zie bij het water het spoor van de dichter
op weg naar het binnenste sneeuwland. Zie hoe het water
    het uitwist
hoe de man met de hoed het weer opschrijft
en water en voetstap bewaart, de vergane beweging steeds
    stilzet,
zodat wat verdween er nog is als iets dat verdween.

2

We know poetic poetry the common dangers
of moonstruckness, bel canto. Embalsamed air, that is all,
unless you turn it into pebbles that flash and hurt.
You, old master, polish the pebbles
that you fling to bring down a thrush.
Out of the world you cut an image that bears your name.
Seventeen pebbles for arrows a school of deathly singers.
See by the waterside the track of the poet
on his way to the innermost snowland. See how the water
    erases it
how the man with the hat inscribes it again
preserves water and footprint, capturing the movement that
    has passed,
so that what vanished is still there as something that vanished.

3

Nergens in dit heelal heb ik een vaste woonplaats
schreef hij op zijn hoed van cypressen. De dood nam zijn hoed af,
dat hoort zo. De zin is gebleven.
Alleen in zijn gedichten kon hij wonen.
Nog even en je ziet de kersenbloesems van Yoshino.
Zet je sandalen maar onder de boom, leg je penselen te rusten.
Berg je stok in je hoed, vervaardig het water in regels.
Het licht is van jou, de nacht ook.
Nog even cypressenhoed en ook jij zult ze zien,
de sneeuw van Yoshino, de ijsmuts van Sado,
het eiland dat scheepgaat naar Sorēn over grafstenen golven.

3

Nowhere in this universe have I a fixed dwelling
he wrote on his cypress hat. Death took off his hat,
as should be. The sense has remained.
Only in his poems could he dwell.
Just a little while and you will see the cherry blossoms of
    Yoshino.
Leave your sandals under the tree, lay your brushes aside.
Wrap your stick in your hat, build up the water in lines.
The light is yours, night too.
A while longer the cypress hat and you too will see them,
the snows of Yoshino, the ice cap of Sado,
the island that takes ship to Sorēn over gravestone waves.

4

De dichter is een gemaal door hem wordt het landschap
van woorden.
Toch denkt hij net als jij en zien zijn ogen hetzelfde.
De zon die verongelukt in de bek van het paard.
De buitenste tempel van Ise het strand van Narumi.
Hij vaart in het zeil van de rouw hij koerst naar zijn
opdracht.
Zijn kaken malen de bloemen tot de voeten van verzen.
De boekhouding van het heelal zoals het zich dagelijks
voordoet.
In het Noorden kent hij zichzelf een hoop oude kleren.
Als hij is waar hij nooit meer zal zijn lees jij zijn gedichten:
hij schilde komkommers en appels hij schildert zijn leven
Ook ik ben verleid door de wind die de wolken laat drijven.

4

The poet is a milling through him the landscape is turned
   into words.
Yet he thinks just like you and his eyes see the same.
The sun coming to grief in the mouth of the horse.
The outermost temple of Ise the beach of Narumi.
He travels under the sail of grief he steers toward his
   mission.
His jaws grind flowers into verses foot by foot.
The bookkeeping of the universe as the universe daily
   presents itself.
In the North he knows himself for a heap of old clothes.
If he is where he will never again be you read his poems:
he peeled cucumbers and mad-apples he paints his life
I too was tempted by the wind that blows the clouds.

☞ *Hans Faverey*

Chrysanten, roeiers

I

De chrysanten
die in de vaas op de tafel
bij het raam staan: dat

zijn niet de chrysanten
die bij het raam
op de tafel
in de vaas staan.

De wind die je zo hindert
en je haar door de war maakt,

dat is de wind die je haar verwart;
het is de wind waardoor je niet
meet gehinderd wilt worden
als je haar in de war is.

Chrysanthemums, rowers

1

The chrysanthemums
standing in the vase on the table
by the window: those

are not the chrysanthemums
standing by the window
on the table
in the vase.

The wind that annoys you so much
and discomposes your hair,

that is the wind that disturbs your hair;
it is the wind that you no
longer want to be annoyed by
once your hair is disarranged.

2

Eerst als iemand op de foto
levensgroot zijn dood
staat op te wachten,
wordt hij herkend.

Allen staan op de oever,
kijkend naar het eigen
vogeltje; lacherig: allen.

Niemand herkent zich op deze foto.
Wat heet plotseling in een spiegel?
Spiegels herkennen nooit iemand.
Wat heet plotseling op een foto?

Als ik straks een hand zie
voor ogen, help ik mij hopen
dat het een eigen hand is,
of dat het een hand is
die bij mij wil horen.

2

Only when one of those in the photo
stands large as life
in wait for his death
is he recognized.

They all stand on the brink
looking at their own
birdie; amused: all of them.

No one recognizes himself in this photo.
What is "sudden" in a mirror?
Mirrors never recognize anyone.
What is "sudden" in a photo?

If I happen to have seen a hand
before my eyes, I hope in all earnest
that it is a hand of my own,
or that it is a hand
that would like to belong with me.

3

Als ik iets wil gaan doen,
moet ik dan al opgestaan zijn
om het te willen gaan doen;
of moest ik het al gedaan

willen hebben: om zó op
te kunnen staan, dat ik

het had moeten doen;

en zodoende het spoor
bijster geraakt zijnde,
deed zoals het zich gedaan
wilde zijn, sans rancune:
ofschoon er niets was gebeurd,

en ik niet afwezig wilde zijn,
omdat ik mij zo niet kende,
toen het stond te gebeuren.

3

If I want to go and do something
then I must already have got up
to want to go and do it;
or I must have wanted it

already done: to be able
to get up in such a way that I

would have to do it;

and by so doing having
lost the way,
acted as if it wanted
itself done, with no hard feelings:
although nothing had happened,

and I did not want to be absent,
because I did not know myself that way,
when it was ready to happen.

4

Zo het iets teweeg brengt,
en zich heeft vergeten,
is het tevergeefs
en in godsnaam.

De volstrekte leegte
in elk ding, die werkelijk
is, en als zodanig werkzaam is,
en zich vermengt met de echo
van het laatste woord:

dat niet meer over de lippen
wil; die lippen eerst nog lief-

koost, en daarna zonder schroom
aantast: dit hopeloos ontbreken,
dat overal knopen legt in water
en een naald is in brood.

4

Insofar as it brings about something
and has forgotten itself,
it is in vain
and in god's name.

The utter void
in each thing, that is
real, and as such operative,
and mingles itself with the echo
of the last word:

which is no longer ready to pass
the lips; that at first still caresses

lips, then does not hesitate
to touch them: this hopeless lack
that everywhere leaves knots in water
and is a needle in bread.

5

Van lieverlede: zo
komen zij nader: 8 roeiers,
steeds verder landinwaarts

groeiend in hun mytologie:
met elke slag steeds verder
van huis, uit allemacht roeiend;
groeiend tot alle water weg is,
en zij het hele landschap

vullen tot de rand. Acht—
steeds verder landinwaarts
roeiend; landschap daar al geen
water meer is: dichtgegroeid
landschap al. Landschap,
steeds verder land-

inwaarts roeiend; land
zonder roeiers; dicht-
geroeid land al.

5

Unhurriedly; that is how
they approach: 8 rowers,
ever further inland

growing into their mythology:
with each stroke still further
from home, rowing with all their might;
growing till all the water is gone
and they fill the whole landscape

to the brim. Eight—
rowing ever further
inland; landscape in which there is by now no
more water: overgrown
landscape by now. Landscape,
rowing ever further in-

land; land
without rowers; land by now over-
rown.

"De aarde; uit aardewerk bestaande"

De aarde; uit aardewerk bestaande.
Dat ik op de aarde ben, hoe dan ook,
om adem te halen: onder het uit-
spansel boven ons, overal.

De aarde en zijn rivieren;
haar rivieren. Een enkele

rivier duikt onder en houdt
zich een tijdlang op in grotten.
Sommige rivieren eindigen in zand.
De aarde also noemenswaardigheid.
De wereld als drijfzand.

HANS FAVEREY

"The earth; consisting of earthenware"

The earth; consisting of earthenware.
That I am on earth, however that may be,
to breathe: under the firm-
ament above us, end to end.

The earth and its rivers;
her rivers. A lone

river dives down and tarries
awhile in caverns.
Some rivers terminate in sand.
The earth as an item worth mentioning.
The world as quicksand.

"Aan de vaas"

Aan de vaas
die ik in mijn handen houd
en naar de keuken draag
om te vullen met water

ontbreekt noch de vaas
zoals hij is en blijft, noch

de vaas die kort hiervoor
éenmaal nog in alle hevigheid
ontvlamt, en zich dan pas tegen
de grond aan stukken slaat.

"From the vase"

From the vase
that I hold in my hands
and carry to the kitchen
to fill with water

is lacking neither the vase
as it is and continues to be, nor

the vase that just earlier
one last time with all intensity
took flame, and then smashed
itself to pieces on the ground.

Rutger Kopland

Afdaling op klaarlichte dag

I

Je ziet hoe het gebeurt
het is klaarlichte dag—en het gebeurt
voor je ogen zie je hoe het lichaam
van een man
levend afdaalt in de aarde.

Het is heel licht, het is van dat hevige
lente-licht waarin je weer even ziet: ja dit
dit was het landschap
hemel, aarde, knotwilg, gras.

Lichaam, denk ik, als je mijn eigen lichaam bent
waar heb je me gevonden
waar breng je me heen
waar laat je me gaan

en hoe moet het zijn zonder jou
hoe lang, hoe diep, hoe alleen.

Descent in Broad Daylight

I

You see it happen
it is broad daylight—and behold
before your eyes the body
of a man
plummets living into the earth.

Bright day, the sort of intense
spring light in which it all comes back: yes, this
this was the landscape
sky, earth, pollard-willow, grass.

Body, I think, if you are my own body
where did you find me
where are you taking me
where will you leave me

and how must it be without you
how long, how deep, how alone.

2

Je ziet hoe het gebeurt
het is klaarlichte dag—en het gebeurt
voor je ogen zie je hoe de lichamen
van een man en een vrouw
samen levend afdalen in de aarde.

Het is heel licht, het is van dat hevige
lente-licht waarin je weer even ziet: ja dit
dit was het landschap
hemel, aarde, knotwilg, gras.

Lichamen, denk ik, als jullie de lichamen zijn
van haar en mij
waar hebben jullie ons gevonden
waar brengen jullie ons heen
waar laten jullie ons gaan

en hoe moet het zijn zonder jullie
hoe lang, hoe diep, hoe alleen.

2

You see it happen
it is broad daylight—and behold
before your eyes the bodies
of a man and a woman
together plummet living into the earth.

Bright day, the sort of intense
spring light in which it all comes back: yes, this
this was the landscape
sky, earth, pollard-willow, grass.

Bodies, I think, if you are the bodies
of her and me
where did you find us
where are you taking us
where will you leave us

and how must it be without you
how long, how deep, how alone.

3

Je ziet hoe het gebeurt
het is klaarlichte dag—en het gebeurt
voor je ogen zie je hoe het lichaam
van een vrouw
levend afdaalt in de aarde.

Het is heel licht, het is van dat hevige
lente-licht waarin je weer even ziet: ja dit
dit was het landschap
hemel, aarde, wilgen, water, gras.

Lichaam, denk ik, als je het lichaam bent
van haar
waar heb je haar gevonden
waar breng je haar heen
waar laat je haar gaan

en hoe moet het zijn zonder jou,
hoe lang, hoe diep, hoe alleen.

3

You see it happen
it is broad daylight—and behold
before your eyes the body
of a woman
plummets living into the earth.

Bright day, the sort of intense
spring light in which it all comes back: yes, this
this was the landscape
sky, earth, willows, water, grass.

Body, I think, if you are the body
of her
where did you find her
where are you taking her
where will you leave her

and how must it be without you,
how long, how deep, how alone.

4

Je ziet hoe het gebeurt
het is klaarlichte dag—en het gebeurt
voor je ogen zie je hoe het lichaam
van een man
levend afdaalt in de aarde.

Het is heel licht, het is van dat hevige
verzadigde zomer-licht waarin je weer even ziet: ja dit
dit was het landschap
hemel en aarde verbonden door grasgroene bomen.

Lichaam, denk ik, als je mijn eigen lichaam bent
waar heb je me gevonden
waar breng je me heen
waar laat je me gaan

en wat is het in dat hoofd van mij
angst of verlangen, weerzien of afscheid
voor aarde, van aarde, naar aarde.

4

You see it happen
it is broad daylight—and behold
before your eyes the body
of a man
plummets living into the earth.

Bright day, the sort of intense
saturated summer light in which it all comes back: yes, this
this was the landscape
sky and earth connected by grass-green trees.

Body, I think, if you are my own body
where did you find me
where are you taking me
where will you leave me

and what is it in that head of mine
fear or longing, return or farewell
for earth, from earth, to earth.

5

Je ziet hoe het gebeurt
het is klaarlichte dag—en het gebeurt
voor je ogen zie je hoe het kleine lichaam
van een meisje
levend afdaalt in de aarde.

Het is heel licht, het is van dat hevige
verzadigde zomer-licht waarin je weer even ziet: ja dit
dit was het landschap
hemel, aarde, riviertje, boompjes, gras.

Lichaampje, denk ik, als je het lichaampje bent
van haar
waar heb je haar gevonden
waar breng je haar heen
waar laat je haar gaan

en hoe moet het zijn zonder jou
hoe lang, hoe diep, hoe allen.

5

You see it happen
it is broad daylight—and behold
before your eyes the little body
of a girl
plummets living into the earth.

Bright day, the sort of intense
saturated summer light in which it all comes back: yes, this
this was the landscape
sky, earth, stream, saplings, grass.

Little body, I think, if you are the little body
of her
where did you find her
where are you taking her
where will you leave her

and how must it be without you
how long, how deep, how alone.